Lugares increíbles de verdad

Irene Cívico y Sergio Parra

LUGARES INCREÍBLES DE VERDAD

Ilustraciones de
Eliza Moreno

montena

Penguin Random House Grupo Editorial

Primera edición: noviembre de 2021

Printed in Spain – Impreso en España

ISBN: 978-84-18057-98-4
Depósito legal: B-15.036-2021

Compuesto en M. I. Maquetación, S. L.
Impreso en Talleres Gráficos Soler
Esplugues de Llobregat (Barcelona)

G T 5 7 9 8 4

¡A todas las mentes curiosas!

ÍNDICE

El salar de Uyuni

(Bolivia)

El desierto de sal que se convierte en el mayor espejo del mundo

¿Habéis pillado ya el trineo y los renos? ¿No? Bien. Sois gente lista. Porque este blanco tan inmenso podría parecer un paisaje nevado, pero no. No, no, no. Si cogéis un poquito de eso que cubre el suelo y os lo echáis a la boca, descubriréis que ¡es sal!

Este desierto tan espectacular se llama salar de Uyuni y a pesar de que el nombre lo merece, no está en un planeta de *Star Wars,* sino en la Tierra. Concretamente en el suroeste de Bolivia, dentro del altiplano de la cordillera de los Andes, a 3.650 metros de altitud. Se trata del desierto de sal más grande y más alto del mundo. Pero grande nivel 11.000 kilómetros cuadrados, vaya. O sea que, para que os hagáis una idea, el salar es tan grande como Asturias entera y diez veces la ciudad de Barcelona. Increíble. Y, a pesar de que cada año las empresas mineras sacan unas 25.000 toneladas de sal, en Uyuni hay taaanta sal que es imposible que se agote. Y es que no solo la extensión es enorme, es que en algunos puntos, el salar llega a 120 metros de profundidad.

La razón de que haya tantísima sal se debe, al parecer, a que aquí hubo un enorme lago prehistórico que se secó hace miles de años. Al evaporarse toda el agua, dejó tras de sí un buen puñado de sedimentos, como sal, litio, boro y potasio. Ojo, que lo que se ve a simple vista son las cantidades industriales de sal que hay en la superficie, pero debajo de todo ese salitre, Uyuni esconde más del 50 % de las reservas mundiales de litio, que, como seguramente hayas oído, es un mineral indispensable para fabricar baterías, ordenadores, teléfonos móviles y todo tipo de dispositivos tecnológicos.

Caminar por allí es como estar en un reino mágico de blancura extrema, *Frozen style*. Si te fijas bien en la superficie, verás que se forman unos pequeños dibujos geométricos, pero no es que Elsa se haya entretenido con su magia, no. Se crean debido a la propia cristalización de la sal. Todo es tan grande y tan plano que, por mucho que andes, siempre hay más y más. Hasta donde alcanza la vista solo hay blanco. Llegados a este punto, ya tenemos suficiente información como para quedarnos boquiabiertos. Seguro que te han dado ganas de hacer la maleta e ir para allá. Pero es que, encima, el salar de Uyuni guarda otra sorpresa que lo hace todavía más especial. Mucho más.

Cuando llueve, el salar de Uyuni se convierte en ¡el espejo más grande del mundo! Y es que al mezclarse el agua de la lluvia con el terreno hace que la luz se refleje de una manera espectacular.

> ¿Sabes cuando te asomas a un lago y ves tu cara reflejada en el agua? Pues se ha calculado que el agua que se encuentra en la superficie del salar tiene cinco veces más capacidad de reflejo que la superficie de un océano.

Refleja tanto TANTO, que incluso algunos satélites espaciales que tienen instrumentos ópticos apuntando a la Tierra calibran su enfoque usando este espejo natural. Porque sí, el salar de Uyuni es tan grande que se puede ver perfectamente desde el espacio.

Así que si tenéis la suerte de visitar Uyuni y encima ha llovido, os parecerá que camináis por encima de un espejo que no solo reflejará el cielo y las nubes, sino también os reflejará a vosotros mismos y todo lo que haya a vuestro alrededor. Allí a donde vayáis, tendréis pegado a los pies a vuestro gemelo. Y si miráis el horizonte, os costará infinito distinguir donde acaba la tierra y empieza el cielo. Si buscáis fotos que se hace la gente, alucinaréis: parece que tienen superpoderes y pueden flotar. Y si encima vais de noche, podréis ver como todas las estrellas se reflejan en el suelo y podréis sentir que sois astronautas saltando de estrella en estrella.

Y seguro que estáis pensando, ¿esa sal tiene algo de especial o es como la sal normal que le echamos a la comida? Pues según los científicos, la sal de Uyuni es más saludable porque tiene mucho menos sodio, con lo que está más recomendada para las personas con la tensión alta. Algunos cocineros también dicen que los granos de sal de Uyuni no crujen en la boca, sino que se deshacen, lo que potencia más el sabor de la comida.

Es una sal tan maravillosa que todo lo puede: incluso los hoteles que hay allí están hechos completamente de sal, desde los ladrillos de las paredes, al suelo y a todos los muebles. ¡Todo de sal! Seguro que hay gente que le habrá dado un buen lametazo a las paredes. Cero dudas.

LA ISLA DE SOCOTRA

(Yemen)

La Isla de los árboles de sangre de dragón

Hay lugares que están tan, tan, tan lejos de todo que parece que vivan en un tiempo diferente al resto del mundo. Esto le pasa exactamente a la isla de Socotra, una pequeña isla del océano Índico, que forma un archipiélago con otras tres islas todavía más diminutas y que pertenecen a Yemen.

Esta pequeña isla misteriosa de apenas 120 kilómetros de largo por 40 kilómetros de ancho parece salida de una novela de fantasía. Hay unas 700 especies de flora y fauna que solo pueden encontrarse en Socotra y en ningún otro lugar del mundo, ojo. Apenas hay animales herbívoros y los murciélagos son los únicos mamíferos nativos de la isla. Por no haber en Socotra casi no hay ni gente. En la isla viven poco más de 50.000 personas, y la mayoría de ellos todavía lo hacen sin electricidad, ni agua corriente, y ni apenas carreteras.

Todo esto ha hecho que el impacto del ser humano sea mínimo en Socotra, así que podríamos decir que la isla es casi salvaje. Socotra es sin duda uno de los hábitats con mayor diversidad biológica del mundo. Una joya única en medio del mar Arábigo. Y, para sorpresa de nadie, los expertos consideran que esta isla está entre los diez lugares que corren más peligro de desaparecer del planeta. Imaginaos qué pasaría si se extinguieran muchas de las criaturas que viven en este lugar. Sencillamente, desaparecerían de la Tierra para siempre. ¡Socotra es su único refugio!

Socotra es tan tan especial que hasta parece que los árboles que crecen en ella sean árboles encantados. Allí encontraremos un árbol chulísimo que, en vez de savia blanca, cuando se le hace un corte en su corteza, del árbol brota un savia roja que parece sangre. Por eso no es extraño que ese árbol se conozca como drago o sangre de dragón (*Dracaena cinnabari* para sus amigos latinos). Encima el drago es rarísimo también por su aspecto, porque parece un paraguas verde abierto con cientos de varillas marrones en forma de ramas. La verdad es que es una monería. Pero esa forma de parasol que tiene no es un capricho, sino una necesidad: hace tanto calor en Socotra y el suelo es tan seco que lo que hace el árbol es darse sombra a sí mismo y así también evitar al máximo que se evapore el agua que guarda.

La savia tan curiosa que brota de la corteza del drago ha sido usada por los nativos de la isla desde tiempos inmemoriales para elaborar medicamentos, para crear pigmento rojo para pintores o para decorar cerámica, entre otras mil cosas que se les ocurrían, como refrescar el aliento o pintarse los labios de rojo intenso. O sea, que la savia del Drago es una savia multiusos, la navaja suiza de las savias, que igual te sirve para un roto como para un descosido.

Pero es que en Socotra hay muchísimas más cosas raras. Por ejemplo, hay casi 300 plantas que solo las encontraréis aquí, y también casi todos sus reptiles y caracoles son únicos, porque no existen en ningún otro lugar del planeta. Y, claro, el drago no es el único árbol superraro de la isla, sino que para árboles singulares, entonces no os podéis perder tampoco un ejemplar que ni siquiera parece un árbol, sino una un puñado de boniatos pegados entre sí que se llama «árbol pepino». Pepino. Y no es broma, eh.

Pero ¿cómo es posible que este lugar sea tan especial? ¿Por qué parece de otro planeta y en otro tiempo remoto? Las islas del archipiélago de Socotra tienen un clima árido. Vamos, que suele hacer muchísimo calor y llueve muy pocas veces al año, así que no es un sitio muy agradable para vivir. Pinta que es un lugar de los que vas a sudar fuerte y pasar sed, ya sabéis. Pero es que, además, llegar a la isla también es difícil. Durante los meses de junio y septiembre, sobre todo, sopla tan fuerte el viento que en el mar hay más olas que en un parque acuático. Y hasta 1999 no construyeron un aeropuerto, con lo que durante varios meses al año era imposible llegar a Socotra.

De momento, Socotra sobrevive, como lo ha hecho durante miles de años, con esas playas tan paradisíacas de arena blanca, sus llanuras secas, su drago, su calorcito y sus fantásticas criaturas únicas en todo el planeta Tierra.

Sin embargo, algunos conflictos militares y políticos graves entre Yemen y Arabia Saudí, sumado a los efectos del cambio climático, amenazan con hacer desaparecer todo lo que la hace especial y única. Y entonces quizá sí que será verdad que Socotra se convertirá en un lugar de fantasía, que recordarán las leyendas de los niños del futuro.

LA CALZADA DEL GIGANTE

(Irlanda del Norte)

Un puente sobre el mar

Si un día, en Antrim, en el norte de Irlanda, te da por ir a echar la tarde a la playa, quizás te lleves una gran sorpresa. Allí encontraréis un camino hecho de más de 40.000 rocas enormes que parecen baldosas. Baldosas, sí. Estas megarocas tienen una forma tan especial y están puestas de tal forma que cuesta creer que no las haya colocado así el ser humano para decorar las playas pero, de nuevo, para sorpresa de nadie ya, esta *alucinancia* es obra de la madre naturaleza.

Estas rocas tienen una forma tan perfecta, como si alguien hubiese tenido la paciencia de tallarlas hexagonalmente, y están todas situadas de tal manera que forman un gran camino sobre el cual podrían perfectamente andar enormes seres fantásticos salidos de *El señor de los anillos*. Es por ello que el nombre de este lugar no podría ser más perfecto: la Calzada del Gigante.

Obviamente, las leyendas cuentan exactamente eso: que fue construido por gigantes para cruzar el canal que separa Escocia de Irlanda. Lógico, ¿verdad? ¿Cómo si no podrían cruzar los 120 kilómetros de mar sin mojarse los pies? De hecho, la leyenda más conocida, de origen celta, cuenta concretamente que un gigante irlandés llamado Finn, al enterarse de que existía otro gigante en Escocia, llamado Benandonner, decidió ir a su encuentro para comprobar quién era más fuerte. La típica competición entre vecinos, ya sabéis.

Pero Finn, al ver lo descomunal que era su vecino gigante escocés, se asustó y se fue a pedirle consejo a su mujer, Oonagh. Esta le dio un sabio y realista consejo: que se escondiera en la cuna de su hijo (también gigante, claro). Cuando llegó Benandonner a Irlanda buscando camorra y no vio a Finn, creyó que era un cobarde. Pero entonces vio la cuna con el «bebé» gigantesco dentro (que en realidad era Finn), y supuso que si el bebé era tan grande, entonces el padre tendría que ser descomunal e invencible. Cosas de gigantes.

La leyenda dice entonces que Benandonner regresó a Escocia con el rabo entre las piernas y destruyó el camino para que Finn no pudiera seguirlo.

Solo quedaron en pie los tramos inicial y final del camino, porque, sí, también podemos encontrar una formación de piedras similar en la isla de Staffa, en Escocia.

Sin embargo, como os imagináis, este no es un camino creado por gigantes para pelearse con otros gigantes, sino que todo es fruto de la caprichosa y maravillosa naturaleza. En realidad, estamos ante cuarenta mil columnas hechas de basalto que, en algunos puntos, alcanzan hasta los doce metros

LA CALZADA DEL GIGANTE

de altura. Estas columnas se crearon a causa de una erupción volcánica que tuvo lugar aquí hace ya 60 millones de años. Adquirieron esa forma al enfriarse el basalto expulsado por el volcán en su viaje desde el cráter del volcán hasta el agua. Así, si seguimos las superficies de las columnas, a modo de escalones, nos conducirán desde el pie del acantilado hasta desaparecer bajo el mar.

Lo que más llama la atención de los visitantes de la calzada no es la disposición de las rocas o lo pulidas que están las superficies, sino que tengan forma hexagonal. Pero lo cierto es que no todas son hexagonales, sino que también las hay de cinco, siete u ocho lados. Tengan los lados que tengan, da una impresión muy fuerte de que esas rocas son adoquines gigantescos que han sido fabricados en serie para asfaltar el suelo de los gigantes. Y es que en un día de niebla, muy típico por estos lares, el camino os recordará a un lugar mágico en el que pueden aparecer toda clase de criaturas, como el gigante Finn. Pero si os fijáis un poco en la naturaleza, os daréis cuenta de que hay muchas más cosas con perfectas formas hexagonales. Y es que el hexágono es una de las formas más comunes usadas por la naturaleza, como los caparazones de las tortugas o los panales de las colmenas de las abejas. Pero ¿por qué hexágonos en vez de círculos? ¿Por qué tantas caras en vez de una? Pues muy fácil. Y es que con varias caras es más fácil cubrir totalmente una superficie y reforzar su estructura.

La Calzada del Gigante fue declarada Patrimonio de la Humanidad por la Unesco en 1986 y, si vais a visitarla, veréis que con el paso de los millones de años desde la erupción del volcán, muchas rocas de basalto han cogido formas peculiares. A los visitantes les gusta ponerles nombres pensando que son objetos reconocibles como la Bota de Gigante, el Piano, los Ojos del Gigante, el Panal, el Arpa del Gigante, las Chimeneas, la Joroba de Camello o la Puerta del Gigante.

LA GRAN BARRERA DE CORAL

(Australia)

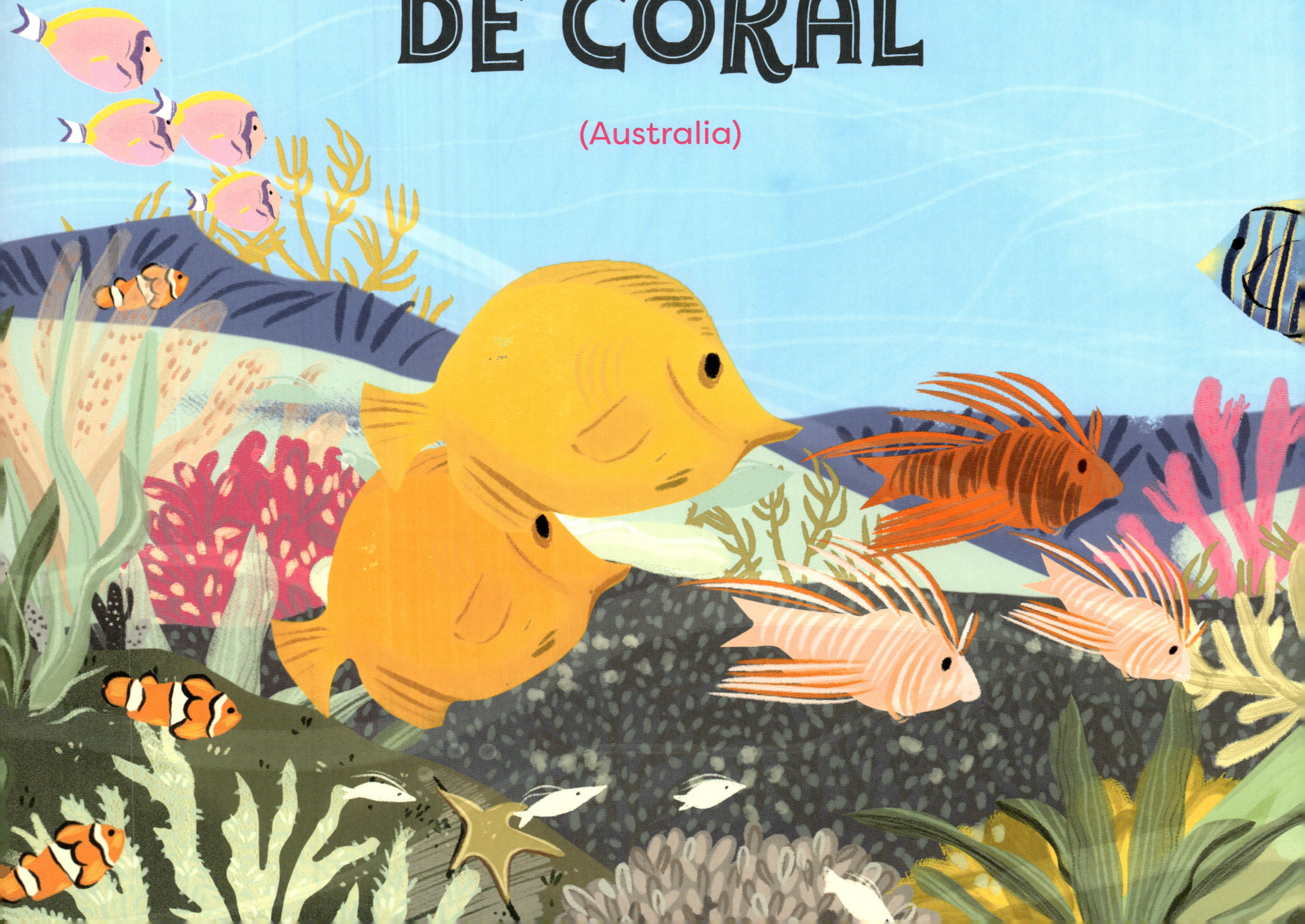

La especie viviente más grande de la Tierra

A ver, vamos a jugar a imaginarnos una ciudad submarina gigante donde viven millones de personas de todas las etnias venidas de todos los rincones del mundo. Hay un trajín de locos y encontramos turistas arriba y abajo por todas partes cada día del año. Algo así como un Nueva York a lo bestia y debajo del mar. ¡Pues existe! Existe, pero con criaturas submarinas en vez de personas, claro.

Nos hallamos ante la Gran Barrera de Coral, una megaciudad construida a base de trillones de corales marinos de más de 400 especies diferentes y con todos los tipos de formas y colores más increíbles que hayamos visto nunca. Está situada en el Mar de Coral (ajá) en la costa de Queensland, Australia y es tan tan tan tan grande que hasta se puede ver desde el espacio. Y es que con sus 2.600 kilómetros de longitud, la Gran Barrera de Coral es más larga que la península Ibérica. Tela marinera. Bueno, submarina.

Estas coloristas construcciones se llaman «arrecifes de coral», y se han creado porque los corales pasan su vida formando su esqueleto exterior con el carbonato cálcico que desprenden. Eso hace que vayan creciendo y poco a poco se vayan uniendo entre sí, como abrazándose fuerte. Así terminan por crearse una especie de preciosas colonias rocosas. Y, claro, en un lugar tan alucinante no es de extrañar que aquí quiera vivir mucha gente. Agarraos bien. En la Gran Barrera de Coral conviven más de 1.500 especies diferentes de peces, 125 especies de tiburones (¡ay!), más de 5.000 especies de moluscos, 2.195 tipos de plantas, 6 especies diferentes de tortugas marinas, 9 de caballitos de mar y 7 de ranas. Las islas, además, están llenas de nidos de hasta 215 especies de aves que vuelan de aquí para allá. Hay más follón en la Gran Barrera que en el metro de Tokio en hora punta, tú.

Pero ¿por qué hay tantas especies en la Gran Barrera de Coral? ¿Por qué hay tanto movimiento? ¿Regalan algo o qué? Pues un poco sí, porque a parte de ser muy bonito, también es un sitio llenísimo de alimento y con un clima estupendo, cosa que la convierte en el refugio perfecto para pasar una temporada o instalarse directamente a vivir la buena vida.

> Es una megaciudad tan bien conectada entre especies, rollo un Facebook marino gigante, que algunos biólogos ven la Gran Barrera de Coral como un solo gran superorganismo, una sola criatura formada por millones de seres vivos.

Si lo vemos así, estaríamos hablando del ser vivo más grande del mundo.

La Gran Barrera de Coral fue declarada Patrimonio de la Humanidad por la Unesco en el año 1981. Esto significa que hay en marcha un montón de medidas para intentar conservarla, porque hay muchísimos factores que ponen en peligro constante su salud.

El mayor peligro al que se enfrenta la Gran Barrera de Coral es el calentamiento global del planeta, que hace que el agua cambie de temperatura y que el coral, que es muy sensible, pierda su color y muera. Pero también la ponen en riesgo constante la contaminación del agua de los ríos que desembocan en el océano, la pesca descontrolada y la estrella de mar «corona de espinas», que, además de venenosa, a la señora le gusta comerse el coral a lo bestia.

Los estudios científicos dicen que, desde 1985, la Gran Barrera ha perdido ya más de la mitad de sus corales y que, a partir de la ola de calor marino de 1998, la cosa se disparó a lo loco. Así que crucemos los dedos para que la naturaleza siga haciendo su magia y los humanos dejemos de interferir con la paz y la concordia del bien avenido vecindario que es la Gran Barrera de Coral.

El sótano de las golondrinas

(México)

El agujero más bello del mundo

Aquí os lanzamos una idea que os dará qué pensar: cuesta más llegar al centro de la Tierra que viajar a la Luna. Flipante, ¿eh? Y es que los intentos del ser humano por descender bajo tierra y explorar lo que tenemos debajo de los pies no es que hayan llegado muy lejos, la verdad. Así que el interior de nuestro planeta continúa siendo un gran misterio inexplorado, por muchos pozos, túneles y líneas de metro que hayamos excavado.

No solo los agujeros que hemos conseguido hacer son poco profundos, sino que, además, no son muy bonitos que digamos. ¡Hola, peste y oscuridad! Los humanos quedamos totalmente en ridículo frente a la naturaleza y lo que es capaz de crear ella solita sin nuestra ayuda. Prueba de ello es el agujero más bonito que existe en la Tierra y que podemos encontrarlo si viajamos a Aquismón, en San Luis Potosí, México. Lo llaman «el Sótano de las Golondrinas» y es uno de los abismos naturales más profundos y espectaculares jamás encontrados.

El Sótano de las Golondrinas fue descubierto en 1967 y, a pesar de que por su forma parece que alguien se haya dedicado a cavar un túnel de forma vertical, es en realidad obra de la erosión. El agua, gota a gota, ha agujereado el suelo calizo año tras año, pacientemente erosionando la tierra, durante millones de años. Riki, riki, riki, riki. Eso sí que es tener paciencia. Es una obra más lenta que las obras de la Sagrada Familia en Barcelona. Y eso que llevan casi 150 años dale que te pego.

El sótano tiene unos 512 metros de profundidad y unos 60 metros de anchura en su abertura. Para que os hagáis una idea de lo muchísimo que es eso, dentro del agujero podríamos poner el Empire State Building de Nueva York o la Torre Eiffel de París, tranquilamente, sin despeinarnos. El fondo de la cueva tiene las dimensiones de tres campos de fútbol, así que es mucho más amplio abajo que la entrada en la superficie. Para visualizarlo: es como un cucurucho del revés, vaya.

Gracias a su espectacular forma, el Sótano de las Golondrinas se ha puesto de moda entre algunos aficionados a los deportes extremos, que se lanzan en paracaídas o parapente desde la superficie hasta llegar al fondo. Otros que prefieren no saltar a lo loco, descienden haciendo rápel por las paredes de la cueva. Parece complicado, ¿verdad? Pues lo peor es volver a subir, amigos. Mientras que puedes bajar en pocos minutos (por no decir segundos), la subidita de vuelta a casa te puede llevar ¡horas!

Eso sí, vas a tener tiempo de sobra para admirar el ecosistema que hay allí abajo, que te parecerá que es de otro planeta. La humedad de la cueva, los vapores que desprende debido al calor de haber dado el sol todo el día, el musguito mojadito por las paredes y los millones de agujeros que hay en la cueva y que no son otra cosa que las casitas de sus habitantes. Por el nombre de la cueva diréis: ¡son golondrinas! ¿Verdad? Pues, no, no, no, en el Sótano de las Golondrinas no vais a encontrar ni una golondrina, tú. Qué cosas.

Los habitantes principales del Sótano de las Golondrinas son los vencejos, que por su forma rechoncheta se confundieron en un principio con golondrinas.

Suponemos que cuando se dieron cuenta del error, ya se habrían acostumbrado y les debía sonar feo llamarlo el Sótano de los Vencejos, ¿no?

Pero no viven solos, pues el sótano es el refugio ideal de las cotorras de cueva. Ah, y de murciélagos. Cueva que encuentres, cueva que tiene murciélagos dentro. No falla.

Lo más alucinante de todo ocurre al amanecer, cuando los vencejos y las cotorras vuelan en espiral desde el fondo de la cueva, dando un espectáculo que te deja sin palabras y que supera a cualquier espectáculo del *Cirque du Soleil*. Al atardecer, se lanzan de nuevo por turnos en picado para regresar a sus nidos. Vamos, que tienen doble sesión a primera hora de la mañana y a última hora de tarde. ¡Y gratis!

Y a pesar de que no es la cueva más profunda del mundo, pues ese título lo ostenta la cueva Veryovkina, en la cordillera del Cáucaso, con 2.212 metros de profundidad, no es de extrañar que los mexicanos estén tan orgullosos del Sótano de las Golondrinas. No será la cueva más profunda, pero sí es la más preciosa.

El monte Erebus y el monte Terror

(Antártida)

Los volcanes gemelos que esconden los secretos de la Antártida

La Antártida, como algunas personas, es un lugar de extremos. Tan extremos que algunos de ellos constan incluso en la lista de los récords Guinness. Para empezar, es el continente más alejado de todos, y parece que esté fuera de este mundo, aunque comprende casi el 10 % de la superficie terrestre. La Antártida, además, es el continente que tiene menos países. Tiene tan pocos que, de hecho, no tiene ninguno. Cero patatero. Lo cual no es raro teniendo en cuenta que allí no vive casi nadie, apenas unas 10.000 personas en verano, y solo 1.000 cuando hace más frío.

La Antártida también es el lugar más frío del mundo, y el más ventoso, y el más seco. Tres récords que ahora nos hacen entender mejor que aquí no viva casi nadie, ¿no? Para que os hagáis una idea de sus condiciones de vida, la temperatura media anual es de -50 °C, y un día se llegó a registrar una temperatura récord de... atención... -93,2 °C. Eso es tanto tanto frío que, en comparación, dentro de cualquier congelador haría calorcito. Además, el 98 % de la Antártida (o sea, casi toda) está cubierta por el hielo, que tiene un promedio de 2.500 metros de espesor (¡2.500 metros!). Resumiendo, que la Antártida es un bloque de hielo gigante muy muy grueso.

Ya os podéis imaginar que aquí tampoco viven muchos animalitos, claro. Los reptiles están totalmente descartados de la lista y, de hecho, es el único continente del mundo donde no los hay. Algunos animales, como la foca de Weddell o el pingüino emperador, son los únicos que tienen el valor de vivir permanentemente aquí, pues el resto de especies que encontraremos en la Antártida son migratorias, o sea, que se reproducen y alimentan a sus crías durante el verano y, una vez empieza el frío, ahuecan el ala a toda prisa y se van a sitios más cálidos.

EL MONTE EREBUS Y EL MONTE TERROR

Y bueno, en cuanto a la flora, pues el hielo no es muy amigo de las plantas, ya lo sabéis, así que allí solo encontraréis, básicamente, líquenes, hongos y musgos. La Antártida, de hecho, es un desierto de hielo. Así que, con sus 14,2 millones de kilómetros cuadrados, podríamos decir que es el desierto más grande del mundo. Además, es también el continente más elevado de todos, con una altitud media de 2.194 metros.

Uno de los récords más sorprendentes de la Antártida es que aquí está el 80 % del agua dulce de todo el planeta. El problema es que está congelada, y algunos bloques de hielo tienen hasta un millón de años de antigüedad. Agua vieja, sin duda. Pero es que es irónico que haya tantísima agua, porque, a la vez, es el continente en el que menos llueve.

De hecho hay algunas partes donde no ha llovido ni nevado absolutamente nada en los últimos ¡¡¡2 millones de años!!!

Estáis flipando con tantas cifras raras y locas, ¿verdad? Pues esperad que aún os falta lo mejor. En la Antártida también hay dos volcanes gemelos. Son los dos volcanes que están más al sur de la Tierra. Mientras que el monte Terror lleva años tranquilo, su hermano Erebus, que se encuentra solo a 35 kilómetros de él, lleva décadas expulsando remolinos constantes de vapor acompañados de una peste considerable a azufre. El Erebus y el Terror serían algo así como el infierno en mitad de la nieve. Estos volcanes gemelos fueron descubiertos en 1841 por el explorador James Clark Ross, que viajaba con sus hombres en dos barcos, el HMS Erebus y el HMS Terror. De ahí los nombres, ji ji ji.

Con una altitud de 3.794 metros, el monte Erebus lleva activo desde 1972. Toma años. O sea, que su cráter es uno de los pocos lagos de lava permanentes que hay en el mundo. Sí, sí, habéis leído bien, un lago de lava ardiente capaz de chamuscarte en segundos en el lugar más frío del planeta. Menudo contraste, frío, calor, frío, calor todo el rato. Por eso hay científicos que creen que en las cuevas próximas al Erebus y al Terror, con sus actividades volcánicas constantes, seguro que se alcanzan temperaturas bastante agradables que deben de permitir vivir a muchos bichos que aún no hemos podido descubrir porque es imposible acceder a las cuevas. Imaginaos a toda una comunidad de animales y plantas desconocidas viviendo bajo el hielo tan tranquilos, ajenos a la humanidad. ¿No es increíble?

El Río Tinto

(España)

Un río que podría estar en Marte

Si quisiéramos viajar desde la Tierra a Marte en coche, suponiendo que existiese una carretera en línea recta (por imaginar que no quede), tardaríamos unos 200 años en llegar. Y eso sin hacer paradas para ir al baño que, calculamos que, en 200 años, serán un buen puñado, que la vejiga no perdona. Vaya, que lo de ir en coche a Marte queda descartado. Pero si vivís en España, una pequeña excursioncita en coche os puede llevar a un sitio junto al Planeta Rojo. Ese increíble y rojizo sitio es el río Tinto y está en Huelva, al sur de España.

El río Tinto recuerda a Marte tanto por su aspecto desangelado como por la composición de su suelo. Y es que se parece tanto tanto que hasta la NASA ha llevado a cabo investigaciones en el río Tinto para practicar la búsqueda de vida bajo la superficie, para cuando se pueda ir a Marte en persona a perforar. Porque hay tantas movidas químicas en el río Tinto que es difícil que la vida arraigue en la superficie del suelo.

Y es que el río Tinto no es un río normal de aguas cristalinas donde darse un chapuzón en verano, sino que las aguas del río son venenosas y de color rojo. Rojo como el vino tinto, de ahí el nombre. Aunque ¡cuidado!, porque no hay que beberse este agua, ¿eh? Que no es vino, gente.

Y ¿cómo ha pasado a convertirse un tranquilo río andaluz en un decorado de una peli de marcianos? Pues el color rojo del agua proviene de los sulfuros de los minerales que podemos encontrar en los yacimientos que hay alrededor de todo el río. Y el secreto lo tienen unas criaturas diminutas que son tan pequeñas que ni siquiera pueden verse a simple vista. Estos bichejos microscópicos se llaman *Acidithiobacillus ferrooxidans* y son unas bacterias que se alimentan del hierro y otros metales de la zona, oxidándolos y convirtiendo el agua en ácido puro y dándole ese color rojo tan bonito y tan peligrosamente mortal.

Como os caigáis al río (no os caigáis al río, por favor), preparaos no solo para salir con la ropa manchada, sino también para oler fuerte a metal, pues las aguas están bien cargadas de metales pesados como el hierro, el cobre, el cadmio o el manganeso. Aunque, como pasa muchas veces con todas las cosas que son un poco fuera de lo común, mucha gente le ha adjudicado propiedades milagrosas a esas aguas ácidas. Hay quienes piensan, por ejemplo, que echarse agua del río Tinto en la cara les puede ayudar a combatir el acné. Y durante mucho tiempo, algunas chicas que vivían por la zona incluso se lavaban las piernas con este agua roja después de depilarse porque pensaban que así retrasaban el crecimiento del vello. Hay gente para todo, claramente.

Pero, aunque la NASA experimente ahora allí, no son los primeros en descubrirlo, ni mucho menos. Ya desde antes de Cristo se extraía cobre y plata de las minas, que encima también son especiales porque son a cielo abierto: o sea, que los mineros no tienen que excavar bajo tierra para trabajar, sino que están al aire libre.

Íberos, fenicios, romanos y musulmanes trabajaron en el río Tinto para extraer todo tipo de minerales, ya que el río Tinto es uno de los yacimientos más importantes del mundo.

En su momento de explotación más fuerte, en el siglo XIX, vivía tanta gente en la zona, que construyeron hasta un tren que recorría el curso del río. Y tenían que tener cuidado, claro, porque pensad que para extraer el cobre o la plata de las minas se tienen que usar explosivos. Y las voladuras se tenían que llevar a cabo bajo horarios muy estrictos, así que la gente que vivía cerca lo tenía fácil para saber siempre qué hora era. ¡Boom! La hora de comer. ¡Boom! La hora de ir a clase. Era como tener un campanario cerca, pero a lo bestia. Lo que está claro es que seguro que a nadie se le pegaban las sábanas por la mañana. ¡Boom!

LA CUEVA DE WAITOMO

(Nueva Zelanda)

Un espectáculo de luces en las cuevas

Si hablas fluidamente maorí sabrás que Waitomo significa «la corriente que fluye hacia el agujero en el suelo». Y si no lo hablas, tranqui, que ya te lo contamos nosotros, que hemos estado investigando el tema. Al norte de Nueva Zelanda, hay un complejo de cavernas subterráneas llamadas Waitomo, y si eres lo bastante valiente como para subirte a una pequeña barca y surcar las oscuras aguas de la cueva, presenciarás uno de los mayores espectáculos de luces naturales que hay en el mundo.

Otra palabra en maorí para vosotros: *titiway*. Suena a atracción de Disneyland total, eh. Pues no. *Titiway* en maorí significa literalmente «proyectado sobre el agua», porque eso es exactamente lo que podemos ver en Waitomo: un puñado de luces azules encendidas en el techo que se reflejan en el lago subterráneo. Pero aquí no hay pilas ni enchufes, pues esas luces son completamente naturales.

> Parece una magia bellísima, pero si nos acercamos mucho a las luces, puede ser que la imagen que tengamos en nuestras narices nos dé bastante repelús.

Y es que lo que de lejos creemos que es una especie de preciosa constelación de estrellas, visto de cerca, parece más bien un montón de gusanos retorciéndose. Pero la cosa no acaba aquí. No, no. Porque si nos fijamos un poco más, entonces descubriremos que no son gusanos... ¡son larvas de mosquito! Y lo que es peor: estas luces no son para decorar el lugar o para exhibir de forma presumida su belleza, uy, no. La cosa es mucho más tétrica: esas bonitas luces que desprenden las larvas son trampas para cazar a sus presas. ¡Zasca!

¿Sabéis esas lámparas de luz ultravioleta que se ponen en los bares para achicharrar a las moscas que revolotean por allí? Pues lo mismo. Atraídas por la luz, pensándose que están viendo las estrellas del cielo y que, por tanto, por allí encontrarán la salida de la cueva, las pobres presas se acercan a la luz y... ¡adiós, muy buenas! Las larvas de mosquito las atrapan y se las zampan. La técnica de caza de estas larvas luminosas se parece mucho a la que usan las arañas, pero con un sentido del espectáculo nivel Broadway, podríamos decir.

Los mosquitos depositan sus huevos directamente sobre la pared de la cueva y, nada más venir al mundo, la larva ya empieza brillar. Nacidas para brillar, podría decirse. Y en pocos meses ya alcanzan su longitud máxima de 30 a 40 milímetros. Nuestras larvitas se irán moviendo por la superficie de la cueva hasta encontrar el sitio perfecto para construir su nido de seda, hecho de finos hilitos como de moco pegajoso, que conseguirán que sus presas se queden allí atrapadas cuando se aproximen a la bella y mortal luz que emiten.

En resumen: parece muy bonito, pero es macabro total. Porque cuanta más hambre tengan las larvas, más luz desprenderán. Y es que, como en casi todos los casos en la naturaleza, el más grande se come al más pequeño; y el que más brilla, hipnotiza al más despistado.

Y ¿cómo unos bichitos tan diminutos son capaces de crear uno de los espectáculos naturales más exclusivos del mundo? El secreto reside en un fenómeno llamado «bioluminiscencia», que proviene de la unión de unas sustancias químicas del interior de su cuerpo que producen energía lumínica.

A pesar de que la bioluminiscencia es muy frecuente en las profundidades marinas, donde se dice que hasta un 90 % de los seres vivos que habitan en el fondo de los mares son capaces de producir luz, este fenómeno es muy poco común en la superficie de la Tierra. Por eso es tan especial cuando la podemos ver en mitad de la noche al ver volar una luciérnaga, y directamente se nos caerá la boca al suelo si alguna vez podemos visitar Waitomo y a nuestras queridas larvas mocosas.

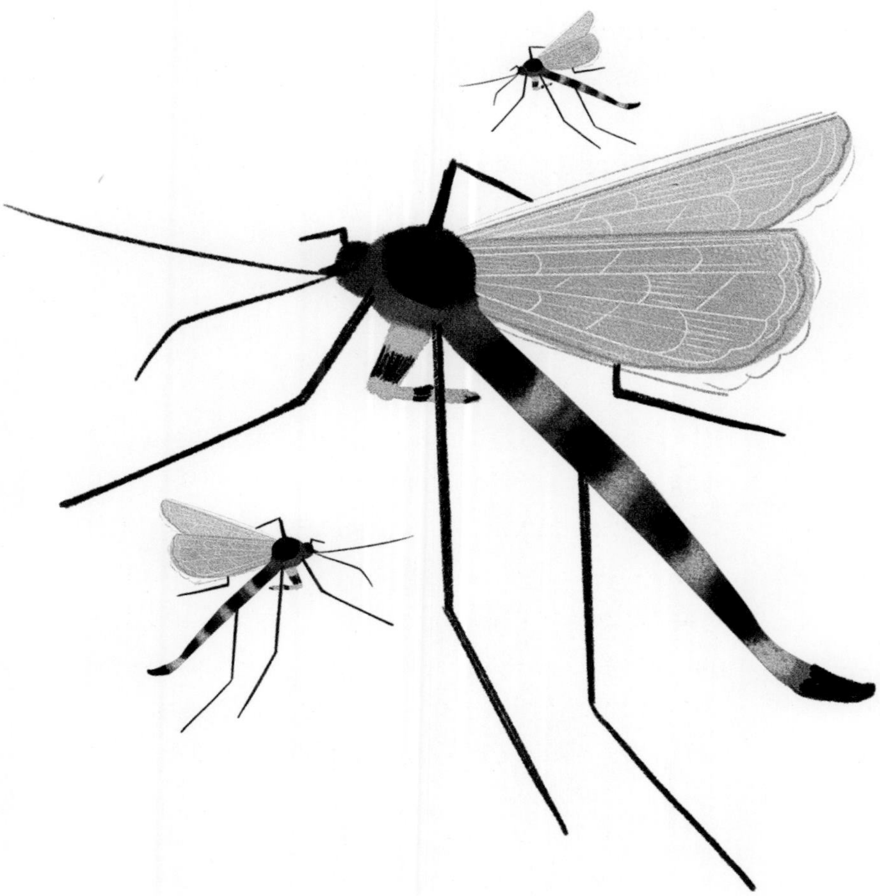

LAS MONTAÑAS DE TIANZI

(China)

Colores de película

Los paisajes de muchas películas modernas están generados por ordenador de una manera tan realista que casi casi jurarías que parecen de verdad. Gracias a estos programas alucinantes, podemos viajar por mundos imposibles, planetas extraterrestres y otros lugares surgidos de la fantasía del cine. Pero el mundo real está tan lleno de sitios asombrosos que, muchas veces, esta fantasía se inspira en ellos, como es el caso de *Avatar* (James Cameron, 2009), una de las películas más taquilleras de la historia. Así pues, aunque el planeta Pandora es un escenario generado por ordenador, lo cierto es que está inspirado en un lugar real, tan o más espectacular: las montañas de Tianzi, dentro del parque forestal nacional de Zhangjiajie, en China.

Estos impresionantes montes con forma de columnas hechas de arenisca se formaron hace unos 300 millones de años y, al estar decorados por una vegetación exuberante y una casi perpetua niebla, parece que el lugar tenga un aspecto supermágico. En las montañas de Tianzi hay más de 3.100 de estos pilares de roca de hasta 200 metros de altura que se asoman de entre el espeso bosque. Estas montañas se conocen como «las columnas del cielo» y es que, realmente, parece que estemos ante un montón de rascacielos hechos de piedra.

De entre todos estos montes de arenisca destaca una columna de 1.080 metros de altura, casi nada. Antes tenía el aburrido nombre de «Columna Sur», pero fue rebautizada en honor a *Avatar* como la «montaña Aleluya de Avatar». La montaña Aleluya es el lugar donde viven los na'vi, los alienígenas de color azul de *Avatar*, por eso, si vais a Tianzi, en el mirador de la columna han plantado un par de esculturas de estos alienígenas para que puedas hacerte una foto con ellos. Que no falte su poquito de friquismo.

Cerca de allí encontraremos también la montaña de Tianmen que, con sus 1.517 metros de altura sobre el nivel del mar, es conocida como la «Puerta del Cielo». Y es que en la cima de la montaña hay un agujero precioso que parece que sea un acceso directo al cielo. Pero, claro, llegar al cielo no es fácil y, para alcanzar la cima, primero deberemos subir 999 escalones muy estrechitos. Así que, entre el desnivel y la estrechez, te puedes tirar más de una hora subiendo escaleras lentamente. Es el precio que hay que pagar por disfrutar de la naturaleza. Afortunadamente, para los comodones y los marqueses, siempre hay la opción de subir a la montaña con un teleférico que recorre 7 kilómetros en solo 30 minutos. ¡Viva la tecnología!

Cerca de allí está lo que se conoce como la bahía de Shentang, que parece descender hasta el mismo infierno. Es un desfiladero empinadísimo con un lago verde oscuro al fondo que está totalmente rodeado de acantilados donde siempre hay niebla.

El acceso es tan complicado que nadie ha podido acceder al fondo del desfiladero todavía.

Hay unas escaleras naturales tan empinadas y estrechas que dicen que solo puedes apoyar un pie en cada escalón porque no caben los dos. ¡Muy peligroso!

En la montaña del Gran Cañón del monte Tianzi encontraréis también el puente de cristal más largo del mundo. Es un puente de 430 metros por el que andaréis a 300 metros de altura sobre el valle. Pensad que el puente solo tiene 6 metros de ancho y que el suelo es ¡transparente! Recorrerlo es lo más parecido a flotar sobre el paisaje, una experiencia maravillosa, pero está claro no es apto para los que tengan miedo a las alturas.

Dado que las lluvias en Tianzi son constantes casi todo el año, el verde allí es eterno y sus montañas están rodeadas de bosques preciosos y tupidos. Solo mirando en sus piedras podríamos encontrar todas las gamas del color verde. Tianzi es considerado Patrimonio Natural Mundial, ya que en él encontraremos árboles que solo viven allí, como el pino Wulling, 580 variedades de plantas diferentes y más de 500 tipos de animales. Y si vais a Tianzi, estad atentos, porque dicen que hay sueltos más de 2.000 macacos. ¡Alerta *monesca*!

LA CUEVA DE LOS CRISTALES DE NAICA

(México)

Un laberinto de cristales

Existe una cueva en México donde hay unos cristales tan perfectos y tan gigantes, puestos de una manera tan rara, que parece que los haya colocado algún humano intentando jugar al *mikado* gigante. Pero no. Esta cueva ha sido creada por la naturaleza misma, que sabe mucho de crear cosas preciosas ella solita. Y la prueba irrefutable de que este sitio no ha sido creado por los humanos, a modo de parque temático de cristal, es que la cueva de los cristales de Naica no solo es de difícil acceso, sino que si una persona intenta estar dentro de la cueva más de diez minutos, *caput* seguro.

La cueva de los cristales de Naica permanece bastante inexplorada porque la temperatura del aire es increíblemente caliente. En el interior de la cueva se puede llegar a alcanzar una temperatura de 60 °C y una humedad de más del 90 %, por eso no se puede soportar ni diez minutos allí dentro, ya que respirar ese aire te quema la nariz y la garganta como si estuvieses en una sauna turca extremísima. Esto se debe a que la mina se encuentra sobre aguas termales que, a su vez, son calentadas por una capa subterránea de magma.

Se encuentra a 300 metros bajo la superficie de la mina de Naica, en el estado de Chihuahua en México, y por fuera parece una cueva de las de toda la vida. Pero si sois de los pocos afortunados que pueden acceder dentro, os veréis transportados a otro universo de bosques de cristal descomunales. Algunos de estos cristales gigantes están afilados como espadas, saliendo desordenadamente del techo, de las paredes y del suelo, desde todos los ángulos posibles, cruzándose y chocando entre sí, como si formasen una dentadura de algún gigante fantástico que necesita urgentemente una ortodoncia.

En realidad, los cristales que nacen en esta gruta son cristales de selenita, que no es de la familia de la kryptonita de las pelis de Superman, sino una variedad de yeso en forma de cristales transparentes.

El nombre de selenita viene de Selene, la diosa griega de la Luna, y se la llamó así por la manera en la que la luz se refleja en los cristales, con un brillo que parece el de la luz de la luna.

Naturalmente, la cueva de Naica no es el único lugar donde podemos encontrar estos cristales de selenita, pero sí es la más grande de todas. Y también es la que tiene más cristales y donde podemos encontrar los más grandes.

LA CUEVA DE LOS CRISTALES DE NAICA

Para que os hagáis una idea del tamaño demencial de los mega cristales de la cueva, el más enorme que se ha encontrado podría bien ser del tamaño de un autocar: mide doce metros de largo, cuatro de ancho y tiene una masa de más de 55.000 kilos.

En 2017, investigadores de la NASA encontraron unas burbujas diminutas dentro de los cristales gigantes, que contenían microbios en estado latente. Eso quiere decir que esos microbios llevan dormiditos dentro de los cristales más de 50.000 años. Es una pena no poder ir a ver en persona los cristales, está claro, pero de esta manera se ha podido preservar todo de manera tan perfecta. Como un museo que guarda las mejores obras en una habitación cerrada a los visitantes. Es el precio que hay que pagar por conservar la belleza de algunos rincones que parecen salidos de una película de fantasía.

EL PARQUE NACIONAL DE YELLOWSTONE

(Estados Unidos)

El parque de las mil maravillas

El parque nacional de Yellowstone, que se encuentra en su mayor parte dentro del estado de Wyoming, en Estados Unidos, no solo es el parque natural más antiguo del mundo (se inauguró el 1 de marzo de 1872), sino que también es probablemente el más alucinante de todos. Cuando veáis todo lo que hay dentro del parque, no os extrañará que, al inaugurarlo, lo publicitasen como el País de las Maravillas en la Tierra. Y hasta se inventaron que la misma Alicia recomendaba visitar el parque. ¡Ja!

Para empezar, en Yellowstone se encuentra la mayor concentración de géiseres del planeta Tierra, que son lo más parecido a los estornudos de nuestro mundo, porque emiten periódicamente una columna de agua caliente y vapor al aire. El que llega más alto está aquí y se llama *Steamboat* (Barco de vapor): ¡su chorro de agua alcanza hasta 91 metros! También tienen a *Old Faithful* (La vieja confiable), llamada así porque aproximadamente cada 92 minutos, *boom*, estornudo de géiser. Dentro del parque hay más de 300 géiseres, o sea, dos tercios del total de todos los géiseres que existen. Alucinante.

Además de géiseres a tutiplén, aquí también podréis encontrar 290 cascadas y algunos manantiales que parecen recién salidos del reino de Oz, como la *Grand Prismatic Spring* (Gran Fuente Prismática). Este manantial de 112 metros de diámetro tiene unos llamativos colores amarillos, verdes, naranjas y azules dispuestos en círculos concéntricos, de tal forma que parece que los haya pintado algún artista impresionista. Aunque, en realidad, estos colores son producidos por colonias de bacterias que habitan felices en esta agua rica en minerales. Es precioso, pero, eso sí, es mejor que lo miréis todo de lejos, porque el agua está casi a 100 °C, o sea, que quema un montón. Vaya, que se podría hervir un huevo aquí. ¡Desayuno incluido!

En Yellowstone también podemos encontrar pozos de lodo y fumarolas, es decir, aberturas de la tierra por las que emergen gases naturales y vapor.

A diferencia de los géiseres, que son más explosivos y emanan de forma periódica, las fumarolas son más leves y continuas.

O sea, si los géiseres son estornudos del planeta, las fumarolas vendrían a ser como si el planeta estuviera fumando en pipa.

Ah, y también hay un río que hierve (*Boiling River*). ¿Cómo os quedáis? Y es que esta zona del río Gardner es tan caliente que hierve. Sin embargo, no os preocupéis, que el agua no está tan caliente como para que no os podáis dar un bañito y sentiros por un rato como si estuvierais en un jacuzzi natural.

EL PARQUE NACIONAL DE YELLOWSTONE

Si os estáis preguntando cómo es posible que en un solo parque haya tantas particularidades geotérmicas, la respuesta es fácil. Y es que, bajo tierra, se encuentra un supervolcán que se formó hace la friolera de 640.000 años y que podría entrar en erupción en cualquier momento. La última erupción en esta área tuvo lugar hace 174.000 años, pero no se preocupen, que no se espera que haya otra hasta dentro de al menos mil años más.

Con todo este movimiento bajo tierra, no es de extrañar que en Yellowstone se registre una media de ¡2000! terremotos al año. Pero no tengáis miedo, ya que la mayoría de ellos son tan suaves que resultan imperceptibles.

En Yellowstone, además de todas las rarezas geológicas, también encontraréis unos bosques superfrondosos con árboles y plantas únicas y alucinantes, así como cientos de especies de mamíferos, aves, peces y reptiles. Así que, si vamos andando por el parque, tenemos muchas posibilidades de encontrarnos animales en peligro de extinción como los osos grizzly o manadas de lobos, linces, alces y bisontes. De hecho, es tan fácil cruzarse con grupos de bisontes que van de aquí para allí dentro del parque que es habitual que se formen atascos fuertes en las carreteras, mientras los coches dejan pasar a los bisontes en su viaje. ¡El parque es de todos!

LAS CATARATAS DE IGUAZÚ

(Argentina y Brasil)

Las cataratas más bonitas del mundo y otros saltos de agua alucinantes

Habitualmente, cuando los europeos pensamos en unas cataratas muy grandes e impresionantes, nos suelen venir a la cabeza las cataratas del Niágara, en la frontera de Estados Unidos con Canadá. Pero la cuestión es que no son las más grandes, ni las más altas, ni las más caudalosas, sino quizá simplemente son las más visitadas del mundo (estar cerca de Nueva York ayuda, sin duda). De hecho, en el mundo hay tantísimas cataratas gigantescas que hay 500 que son más grandes que las del Niágara. ¡500, tú!

Sin embargo, las que son consideradas las cataratas más bonitas del mundo son las cataratas de Iguazú, en la frontera de Argentina con Brasil, que en 1986 fueron declaradas Patrimonio de la Humanidad y en 2011 una de las «7 maravillas naturales del mundo». Las cataratas se formaron en el río Iguazú debido a una erupción volcánica hace miles de años y tienen 275 saltos de agua, casi nada. Estar en medio de las cataratas es un espectáculo impresionante con un ruido ensordecedor que colabora a que te sientas pequeño pequeñísimo, rodeado por frondosos bosques y saltos de agua que llegan a los 82 metros de altura.

La palabra Iguazú proviene del idioma guaraní y significa literalmente «agua grande». Cero dudas sobre el nombre.

El 80 % de las cataratas se encuentran en el lado de Argentina y el 20 % restante están en el lado de Brasil, y tanto desde un lado como desde el otro podéis tener unas vistas alucinantes de las cataratas y poneros tan cerca, tan cerca, que seguro que acabaréis bien empapados. Pero no solo son una maravilla por sus saltos de agua, sino también porque se encuentran en el medio de una selva tropical. O lo que es lo mismo: un paraje increíble lleno de árboles, musgos, flores y plantas de todo tipo, el hogar de una cantidad de animales tan diversa que alucinarías. En Iguazú podemos encontrar desde tucanes a caimanes, guacamayas, tortugas, garzas y hasta algunos animales en peligro de extinción tan fascinantes como el jaguar, el oso hormiguero, el tapir o el ocelote.

Pero si lo que os preocupa es la medida y no la belleza. Si lo que os preguntáis es cuál es la catarata más grande del mundo, entramos en una discusión complicada, ya que hay muchas otras formas de medir la grandiosidad de una catarata. Por ejemplo, si buscamos las cataratas más anchas, tendremos que viajar hasta las cataratas de Khone, en el río Mekong, en Laos, que miden unos 10.783 metros de ancho, de lado a lado, y son unas 8 veces más anchas que las cataratas del Niágara, para que os hagáis una idea de la *enormosidad*.

Pero ojo, nunca hay que juzgar las cosas por su tamaño, eh. Pues las cataratas más rápidas miden

poco más de 2 metros de altura. ¡Hay jugadores de baloncesto más altos que las cascadas, oiga! Las Ventas Rumba, en Letonia, consiguen su velocidad gracias a su anchura de 270 metros, lo que hace que tengan el récord Guiness a las aguas más rápidas. Eso sin duda hace que sea imposible nadar a contracorriente, a no ser que seas un salmón muy fuerte, claro.

¿Y las más altas? Pues el salto de agua más alto del mundo es lo que se conoce como «el salto del ángel», en Venezuela, con una altura impresionante de 979 metros. Aunque técnicamente es una cascada de agua única, no un conjunto de saltos de agua, que es lo que son realmente unas cataratas propiamente dichas. Para visitar las cataratas más extensas tendremos que viajar hasta las cataratas Victoria, en la frontera entre Zambia y Zimbaue, que, con una anchura de 1708 metros y una altura de 108 metros, suponen la caída de agua más extensa de todo el planeta. En la zona, estas cataratas son conocidas como «el humo que truena», ya que las columnas de vapor que forma la fuerza del agua se pueden ver y oír desde kilómetros de distancia.

Pero las cataratas que más agua mueven son las cataratas Inga en el Congo, un conjunto de rápidos y cascadas en el río Congo que mueven 25.768 metros cúbicos de agua... ¡cada segundo! Nos tenemos que arrodillar, pues, ante el grifo natural que expulsa más cantidad de agua en el mundo. Su fuerza es tan bestia que en las cataratas se han construido dos presas hidroeléctricas y están en proceso dos presas más, cosa que las convertirá en las productoras de energía más grandes de todas. ¡Menudo ritmo hay en las Inga!

El archipiélago de Palawan

(Filipinas)

Las islas del paraíso

Si nos obligasen a escoger un solo lugar en todo nuestro planeta al que pudiéramos llamar «paraíso», lo tendríamos muy difícil. Pero si realmente tuviéramos que escoger, seguramente este lugar tendría que ser la isla de Palawan, en Filipinas. Y es que Palawan es tan ultrabonita que vendría a ser algo así como el parque temático de los paraísos. Eso sí, os tiene que gustar el calor, porque las temperaturas en Filipinas acostumbran a estar por encima de los 30 ºC ¡todo el año!

Filipinas es un archipiélago del sureste asiático formado por más de 7.000 islas de todos los tamaños y formas. Hay algunas islas gigantes como Luzón o Mindanao o pequeñísimas islas de apenas unos centenares de metros de longitud. Pero la más conocida y preciosa de todas ellas es Palawan, una isla de 420 metros de largo que tiene forma alargada. Para visualizarlo: es como un gusano gigante lleno de vegetación muy verde en plan jardín del Edén, pero además rodeada de cascadas de ensueño y aguas cristalinas. Palawan está rodeada por cientos de pequeñas islitas más, a las que solo podrás acceder en barquito o si la marea baja y os lo permite. ¡Pero acordaos de regresar antes de que vuelva a subir!

Al norte de Palawan encontraréis El Nido, una zona protegida donde podréis contemplar algunas de las playas más preciosas que vais a ver en vuestra vida. Sus aguas están repletas de cuevas submarinas y arrecifes de coral llenos de criaturas maravillosas que, si os atrevéis a bucear (¡hacedlo!), os sentiréis como en los reinos de Aquaman. Incluso es posible que algunas tortugas aventureras naden a vuestro lado.

Se trata del increíble entramado de islitas de la bahía de Bacuit, un verdadero laberinto de aguas turquesas y columnas de piedra caliza rebosantes de cocoteros y con miles de playas ultradiminutas a sus pies.

Hay tantas playas que no os costará encontrar alguna para vosotros solos.

Pero en El Nido no solo hay playas de arena blanca, sino que también tiene montañas, selvas y una increíble variedad de vida silvestre. Las montañas empinadas emergen del mar como columnas gigantes de piedra y son el hogar de millones de golondrinas salanganas que han recubierto los picos con sus nidos. ¡Ajá, de ahí el nombre de «El Nido», por si os lo estabais preguntando!

Los científicos alucinan porque aquí cada año se descubre alguna especie nueva de planta, de reptil o de pájaro. Hay más de 1.500 tipos de plantas, 200 especies de aves y 600 tipos de mariposas diferentes. Y eso sin contar que en las aguas de

EL ARCHIPIÉLAGO DE PALAWAN

Palawan viven más de 950 especies de peces diferentes y cinco de los siete tipos de tortugas marinas que existen en el mundo. Por supuesto, hay algunas especies únicas que solo viven allí, como el cangrejo púrpura (¡precioso!) o la *Nepenthes attenboroughii*, una planta carnívora muy grande que se alimenta de musarañas.

Otro de los lugares dignos de visitar en Palawan es Port Baron, otro archipiélago increíble compuesto de muchas islas pequeñas, playas y arrecifes, pero con un plus nocturno sin rival: cuando cae la noche, ¡el mar se ilumina como si fuera Las Vegas! Pero ahí no hay enchufes, pues este efecto es completamente natural y lo produce todo el plancton bioluminiscente que habita en sus aguas.
Pero, ojo, que no es el único sitio en Palawan que se ilumina por las noches. Existe también un manglar bien verde y bien tupido de naturaleza en el río Iwahig que cada noche se ilumina como si llegara la Navidad gracias al brillo de millones de luciérnagas.

Ahí mismo, en Puerto Princesa, encontraremos un río subterráneo que también es algo único en el mundo. Con más de ocho kilómetros navegables, es un impresionante sistema de cuevas calizas inundadas que está considerado como una de las siete maravillas naturales del mundo.

Y si aún no tenéis suficiente, siempre podéis viajar hasta las Twin Lagoons, dos lagunas gemelas a las que solo se puede acceder cuando hay marea baja. En la superficie de las lagunas hay agua dulce y fría y el fondo tiene agua salada más calentita. La mezcla de ambas aguas crea un fuerte contraste térmico que produce un efecto óptico como si el agua se estuviese mezclando con aceite. Podéis probar a cruzar de un lago al otro buceando y así os podréis sentir como un pez tropical nadando por las aguas más bonitas del mundo. Porque de verdad lo son.

El lago Hillier

(Australia)

El lago rosa chicle y otros lagos de colores increíbles

Puede que todavía creas que el agua de los ríos, los lagos y los mares es azul. O puede que ya sepas que es transparente. O que sepas mucho más y afirmes que la verdad es que el color que vemos es en realidad la refracción de la luz de varias partículas dentro del agua, así como del tipo de microorganismos que en ella habitan. Así que la mayoría de los lagos de nuestro planeta suelen tener, más o menos, el mismo color a nuestros ojos. Por eso mismo, no es fácil encontrar un agua que parezca pintada con rotuladores de colorines, pero hay excepciones. Nuestro planeta es tan grande y tan diverso que siempre hay excepciones. Hasta en el color de los lagos.

Uno de los lagos de colores más fascinantes es el lago Hillier, en el suroeste de Australia. El lago es tan tan rosa que parece sacado del mundo de *My Little Pony*. Mide unos 600 metros de largo y está rodeado por un anillo de sal blanca y un espeso bosque de eucalipto, así que el rosa chicle que tiene todavía resalta mucho más. Cuando el lago Hillier fue descubierto en 1802, no entendían cómo sus aguas podían ser tan rosas, así que durante mucho tiempo creyeron en una antigua leyenda aborigen que decía que una sacerdotisa llamada Yilba había derramado la sangre en el lago, dotándolo de su color rosa. La sangre es roja, pero vaya, que ya sabéis que, en las leyendas, el realismo da un poco igual.

Los científicos, que no basan sus investigaciones en cuentos y leyendas, sospechan que el color es fruto de la acción de bacterias como la *Dunaliella salina* y la halobacteria. La alta concentración de sal del lago hace que la mayoría de animales no puedan sobrevivir en él, pero las bacterias sí. ¡Ja! Las sustancias químicas que desprenden la *Dunaliella salina* y la halobacteria, al combinarse, provocan este maravilloso color tan-rosa-que-parece-falso.

Pero no creáis que si vais con un vaso a coger agua del lago, sacaréis algo que parezca un batido de fresa. Mientras que el agua que sacaréis seguirá siendo rosa, este rosa será mucho más clarito que en las fotos que vemos. Así que, si queréis ver el lago en todo su esplendor rosa chicle, lo mejor será que lo visitéis desde el aire y alucinéis en colores (nunca mejor dicho).

Pero el lago Hillier no es el único lago rosa en el mundo. Si vais a Senegal, tenéis que visitar el lago Retba, también conocido como el lago Rosa (oh, sorpresa). Este lugar es famoso también por ser el punto final del recorrido del Rally París-Dakar y su color lo provocan las bacterias que contiene y a su alta concentración de sales, haciendo que sus tonos rosados se conviertan en tonos malva según la intensidad de los rayos del sol. El lago es la fuente principal de ingresos de muchas familias senegalesas que viven de vender la sal que sacan del lago Rosa.

¡Qué cantidad de lagos con colores increíbles tiene nuestro planeta! Los hay de todos los colores del arcoíris, así que hemos elegido algunos de los más sorprendentes para que los veamos juntos.

También hay lagos rojos, y uno de los más alucinantes es el lago Natron, en Tanzania, un lago salado cuyas algas lo han teñido de rojo y que tiene unas espirales chulísimas en su superficie creadas por el carbonato sódico que surge de sus profundidades, todo ello coronado con un ribete blanco de sal en su exterior.

Si miras el lago Natrón desde arriba, parece una tarta de fresa y nata creada por un repostero fabuloso.

Hay lagos super azules monísimos como el Blue Lagoon, de Islandia, donde miles de turistas van a bañarse en sus calientes aguas cada año, o el lago azul de los infiernos de Beppu, en Japón, unos pozos volcánicos de aguas termales que son tan tan calientes que, hacen perfecto honor a su nombre. En los infiernos hay 9 lagos y, debido a los diferentes minerales que tiene cada lago, cada uno es de un color diferente. Eso sí, todos son igual de calientes.

Pero, para lagos infernales, hay uno en Nueva Zelanda que directamente se llama «el baño del diablo», porque es de un color verde fosforito provocado por el azufre que emana hacia la superficie del lago y que lo hace tan tóxico que ningún humano en su sano juicio osaría bañarse en él.

Pero si no tenéis suficiente con todas estas aguas de colorines, entonces podéis visitar Caño Cristales, en Colombia que es, literalmente, un arcoíris acuático. Caño Cristales está rodeado de una flora y una fauna exuberantes que combinados hace que sus aguas tengan hasta seis colores: rojo, amarillo y verde, gracias a sus plantas; negro por el agua de la selva que baja por allí; azul por el reflejo del cielo y blanco de la espuma de los saltos de agua. Con toda esta variedad, no es de extrañar que Caño Cristales también se conozca como «el río de los dioses», «el arcoíris que se derritió», «el río que se escapó del Paraíso» o, un nombre que no deja ningún lugar a dudas: «el río más hermoso del mundo».

PAMUKKALE

(Turquía)

Un parque acuático de algodón

Cuando volamos en avión, es normal hacernos la ilusión de que correteamos entre las nubes y hasta buscar formas reconocibles de caras o animales (¡hola, conejito!, ¡hola, oveja!), aunque sabemos que en realidad las formas son caprichos del viento. Pero es que es tan *bonitísimo* el blanco nuclear de las nubes y sus formas esponjosas que preferimos creer que algún día podremos saltar de una a otra. Por ahora, no podemos todavía, pero sí podemos andar por Pamukkale, un sitio maravilloso en Turquía que os hará creer por un momento que estáis en un castillo de nubes sostenido en el cielo.

Pamukkale significa en turco (atención) «castillo de algodón», porque si lo miras desde abajo, con sus 200 metros de altura y sus 2,5 kilómetros de longitud, entiendes perfectamente por qué se les ocurrió este nombre. Pero, aunque parece un paisaje celestial, en realidad estamos ante una formación muy terrenal, una formación calcárea a base de creta (la roca caliza de la que se extrae la tiza), bicarbonato y calcio. La combinación de estos elementos hace que Pamukkale tenga ese color tan blanco y esa forma de piscinas naturales en forma de cascada como congelada.

Estas piscinitas en forma de media luna se llaman travertinos y son formaciones con aspecto de terrazas redondeadas que se han colocado solitas formando escalones de hasta 6 metros de altura. En estas terrazas se acumula el agua azul de las fuentes termales, y sin duda parecen piscinas infinitas con vistas espectaculares. ¿Os imagináis estar ahí calentitos a unos 35 ºC mientras os rodean el blanco del algodón y el verde de las montañas? ¡El paraíso!

> Pamukkale se creó hace miles de años a causa de los movimientos tectónicos que tuvieron lugar en la cuenca del río Menderes, que ocasionaron la aparición de numerosas fuentes de aguas termales.

Las aguas subterráneas quisieron conocer mundo y nos regalaron este paraíso. El agua surge en la parte alta de la colina y va bajando repartiendo los minerales, capita a capita y con mucha paciencia, creando las cascadas a lo largo de toda la ladera. Y poco a poco los minerales consiguen que, con su blancor extremo que te deja ciego, Pamukkale parezca el Polo Norte. Pero sin frío, claro, porque estas maravillosas piscinas calentitas están en una zona donde el clima siempre es templado.

Cuando los antiguos griegos descubrieron Pamukkale, ya se enamoraron de su belleza y le otorgaron a sus aguas termales propiedades curativas. Llegó un punto en el que había tanta gente viajando a Pamukkale para curarse de algún mal que, en lo más alto de la colina, decidieron fundar la ciudad de Hierápolis, que se traduce como «ciudad sagrada». Vamos, que Pamukkale era el spa más famoso de la Antigüedad.

Hiérapolis fue destruida por un terremoto en 1354, pero las ruinas de la ciudad se han conservado tan bien que aún hoy se pueden visitar los restos del teatro, los baños romanos, el templo de Apolo, las puertas de la ciudad o su enorme necrópolis. Así que ya os podéis imaginar que, tanto Hierápolis como Pamukkale fueron declarados Patrimonio de la Humanidad en 1988, para poder preservar bien este pedacito de cielo en la tierra. No es para menos.

Y es que durante milenios la gente fue a mansalva en peregrinación hasta el punto que en el siglo XX se empezaron a construir hoteles en lo alto de la cima que tomaban aguas de Pamukkale para llenar sus piscinas privadas. La gente empezó a hacer locuras como lavarse la cabeza con champú en las piscinas naturales, verter aguas residuales o bajar en moto por la ladera de Pamukkale, cosa que hizo que el blanco se volviese marrón *cacafutis*. Para poder preservar Pamukkale, pues, se prohibió el baño en las piscinas, se derribaron los hoteles, se cortó el acceso y, hasta para acceder a la zona, no te dejan llevar ni los zapatos puestos para que no lo ensucies todo.

Pero no os preocupéis que, si vais a visitar Pamukkale, a parte de disfrutar de este maravilloso castillo de algodón de azúcar, hay algunas zonas de aguas termales en la parte superior de la colina para que la gente que quiera remojarse un poco pueda hacerlo sin dañar a Pamukkale y que lo podamos seguir disfrutando todos por muchos milenios más. Hay una zona donde hasta dicen que se bañó Cleopatra. ¡Qué más se puede pedir!

Este libro
se terminó
de imprimir en
noviembre de 2021